Tout savoir sur le viager en Suisse

Jean-Baptiste de Bantel

Iavor Tzolov

Clément Wyplosz

Copyright © 2023 Tillit Invest

Tous droits réservés.

ISBN: 9798378660292

Photo de la couverture: Vlada Karpovich

TABLE DES MATIÈRES

	Avant-propos: comment est né ce livre?	1
1	Pourquoi un livre sur le viager en Suisse	4
2	Qu'est-ce que le viager	7
3	Les aspects juridiques et les garanties pour le vendeur	16
4	Le viager: pourquoi et pour qui?	21
5	Le viager, est-ce bien moral?	30
6	Le prix du viager	35
7	La fiscalité du viager en Suisse	44
8	Pour en savoir plus sur le viager	47
9	A propos des auteurs	51

AVANT-PROPOS: COMMENT EST NÉ CE LIVRE?

L'idée d'écrire ce livre est venu du constat qu'une meilleure connaissance du viager était une véritable nécessité en Suisse. Il y a quelques années, un ami de famille s'est retrouvé dans une situation financière difficile, et les solutions qui lui étaient disponibles ne répondaient pas à ses besoins.

Cet ami, que nous appellerons Nicolas, était retraité et ne recevait qu'une faible pension. Sa banque a estimé qu'il représentait un risque important, et augmentait graduellement son taux hypothécaire chaque année.

La charge est finalement devenue insupportable. Nicolas s'était rendu à l'évidence: il devait vendre sa maison. Mais après avoir parlé à plusieurs acteurs de l'immobilier romand, il s'est rendu compte que la vente n'était pas si simple.

D'un point de vue financier d'abord. Des acheteurs potentiels lui proposaient une belle somme. Mais après avoir remboursé ses dettes, et en prenant en compte le coût du loyer d'un autre logement, il ne lui resterait plus grand-chose. A peine de quoi couvrir ses besoins pour quelques années.

D'un point de vue émotionnel ensuite. Nicolas avait hérité la maison de sa maman et ne voulait pas la quitter. L'idée de partir déménager dans un appartement locatif plus cher et plus petit était un crève-cœur.

Nous avons finalement pu trouver une solution alternative et particulièrement attrayant pour Nicolas. En vendant sa maison en viager à une jeune société romande spécialisée dans le domaine, Nicolas a pu vendre sa maison au prix du marché, rembourser ses dettes, et recevoir un joli montant pour profiter de la vie. Cerise sur le gâteau: il continue d'habiter gratuitement dans la maison de son enfance.

Si Nicolas a pu trouver une issue heureuse à ses difficultés, l'épisode nous a fait réfléchir. Sûrement Nicolas n'était pas le seul à se retrouver dans une telle situation. Le nombre de retraités faisant face à des difficultés financières grandit constamment. Pourtant, s'ils sont propriétaires, leur fortune est souvent considérable. Mais cette richesse est enfouie dans les murs de leur maison, et ils ne peuvent pas y accéder facilement.

Si le viager a permis à Nicolas d'accéder au capital de sa maison sans pour autant avoir à complètement changer sa façon de vivre, pourquoi les propriétaires n'y recourent-ils pas plus souvent? S'ils sont nombreux à se retrouver dans une situation similaire à celle de Nicolas, pourquoi ne bénéficient-ils pas tous de la même solution?

Plus nous y regardions de près, plus la question semblait pertinente. Le viager pourrait être une solution avantageuse dans beaucoup de cas. Comme avec Nicolas, le viager peut apporter une réponse aux difficultés financières. Mais il permet aussi de régler toute une série de problématiques que les retraités en Suisse rencontrent fréquemment: organiser sa succession, transmettre un patrimoine, financer un hébergement médicalisé ou des soins à domicile, se relever après un divorce ou le décès d'un conjoint. La liste parait presque interminable.

Si le viager pourrait répondre à une demande toujours plus croissante, pourquoi reste-t-il si peu utilisé en Suisse? Nous sommes arrivés à une conclusion très simple: tout simplement parce que le viager est trop peu connu.

Il est peu connu, d'une part, par les propriétaires. Peu de propriétaires y pensent, et ceux qui y pensent peinent souvent à trouver des informations fiables et cohérentes. Mais au grès de nombreuses conversations nous avons pu avoir avec des propriétaires, nous nous sommes rendu compte que l'intérêt pour le viager était fort une fois que son principe était compris.

Mais nous avons aussi découvert que le viager est mal connu par les professionnels de l'immobilier en Suisse. Courtiers, avocats, notaires: si tous ont entendu parler du viager, très peu sont suffisamment équipés pour le proposer à leurs clients. De même, le viager n'intéresse peu les banques: la durée d'un investissement en viager est souvent au-delà de ce qu'une banque peut offrir.

La boucle est ainsi bouclée: les professionnels de l'immobilier comprennent mal le viager et n'en parlent pas aux propriétaires. Les propriétaires ne connaissent pas le viager et ne le demandent pas aux professionnels avec lesquels ils font affaire.

C'est pourquoi la nécessité d'écrire ce livre nous a semblé être une évidence. Il fallait un livre qui explique le viager de façon claire, concise et cohérente. Ce livre devait s'adresser principalement aux propriétaires qui pourraient bénéficier du viager. Ce livre devait s'intéresser aux particularités du viager tel qu'il peut être pratiqué en Suisse.

Ayant identifié un besoin qui nous semblait être à la fois pressant et important, nous avons donc réuni nos expertises dans différents domaines de l'immobilier romand afin d'écrire le seul et unique ouvrage complet sur le viager en Suisse.

1. POURQUOI UN LIVRE SUR LE VIAGER EN SUISSE?

Tout, tout, tout, vous saurez tout sur le viager!

A. Ce que ce livre vous apportera

Vous êtes un propriétaire en Suisse et vous pourriez être intéressé par le viager. En particulier vous voulez savoir:
- Qu'est-ce que c'est le viager?
- Comment ça marche?
- Quels sont ses principaux aspects juridiques?
- Quelles sont les conséquences fiscales du viager?

Alors ce livre est pour vous.

Ceux qui se sont déjà intéressé au viager savent qu'il existe une multitude d'information, de brochures, de forums et sites internet sur le sujet. Mais ces informations sont souvent disparates et parfois contradictoires. Il n'est pas toujours facile de s'y retrouver.

Surtout, les informations les plus précises sur le viager sont souvent destinées aux investisseurs cherchant à acheter en viager – après tout, ce sont les acheteurs qui dépensent de l'argent! Mais ce sont les propriétaires qui se préparent à vendre leur maison. Celle-ci représente souvent le travail, les espoirs et les souvenirs de toute une vie. Ces propriétaires sont souvent mal informés pour la simple raison que beaucoup des acteurs du marché du viager s'adressent d'avantage aux acheteurs qu'aux vendeurs.

C'est pourquoi ce livre réunit de façon pratique et cohérente des réponses claires aux questions que les propriétaires souhaitant vendre leur bien se posent souvent. Il est unique parce qu'il est exclusivement destiné aux vendeurs pour les aider à réussir leur vente en viager.

Le viager peut être une solution idéale pour les seniors faisant face à une série de problèmes de plus en plus courants. Pourtant peu de propriétaires en Suisse ont recours au viager. Ceci est en grande partie parce que le viager est peu connu, souvent mal compris, et souffre d'une mauvaise réputation.

Vous avez-vous-même surement déjà entendu parler du viager. Mais vous ne savez peut-être pas vraiment comment ça fonctionne. Peut-être craignez-vous d'aborder un sujet qui paraît mystérieux, voire immoral? Ce livre dissipe les mythes qui existent autour du viager, et apporte des éclaircissements sur les vraies questions à se poser à propos du viager.

Le viager peut paraître désuet. Il est souvent associé à des pratiques anciennes importées de la France et n'ayant plus sa place dans le monde moderne. Ce livre décrit aussi des nouvelles façons de vendre en viager plus modernes et plus avantageuses.

Les propriétaires recourent au viager pour des raisons diverses et variées: que ce soit pour faire face à des difficultés financières, pour régler des difficultés familiales complexes ou tout simplement pour profiter de la vie. Suivant la raison pour laquelle vous envisagez une vente en viager, certaines modalités contractuelles pourraient être plus intéressantes que d'autres. Ce livre vous expliquera comment le viager peut répondre à une série de situations courantes, et guidera votre réflexion sur les modalités les mieux adaptées à votre situation.

Vous êtes-vous déjà penché sur les détails du viager? Si oui, vous aurez été confronté à des calculs financiers complexes ou des tabelles statistiques indéchiffrables pour calculer une décote, une rente ou un bouquet. Evitez-vous ce mal de tête! Le jargon souvent utilisé pour décrire le viager cache en fait des principes assez simples. De façon claire et ludique, ce livre vous apprendra quels sont ces principes et comment les appliquer pour déterminer le prix du viager.

B. La Suisse et au-delà

Pourquoi écrire un livre sur le viager en Suisse? L'idée pourrait paraître saugrenue, car le viager y est beaucoup moins pratiqué que chez nos voisins français ou nos amis belges. Mais c'est justement parce que le viager gagnerait à être plus connu en Suisse que ce livre est nécessaire.

Le viager en Suisse a ses particularités. Si le viager est encadré par la loi suisse, il l'est de façon moins contraignante que dans d'autres pays. Les implications fiscales du viager sont différentes en Suisse qu'ailleurs. Le système des retraites en Suisse ou la façon de financer un hébergement médicalisé sont uniques. Toutes ces spécificités peuvent exercer une influence sur le fonctionnement du viager, et il est important d'en comprendre les conséquences.

Bien entendu, ce livre peut être utile au-delà des frontières helvétiques. Le but premier de cet ouvrage et d'expliquer de façon claire et concise les principes, mécanismes et bénéfices du viager. Ces principes sont les mêmes partout où le viager est pratiqué.

Quels que soient le pays où vous pensez vendre votre maison en viager, votre situation personnelle ou vos objectifs de vie, ce livre vous donnera les clés pour comprendre comment le viager peut répondre à vos besoins.

2. QU'EST-CE QUE LE VIAGER

Qu'est-ce donc que le viager? D'où nous vient-il? Comment fonctionne-t-il?

Au sens strict, le viager est une forme de contrat dont la durée est aléatoire – généralement parce que le contrat s'éteint au moment du décès de l'une des parties. A peu près n'importe quelle transaction pourrait donc se faire sous un contrat viager: vous pourriez vendre votre voiture, votre téléviseur ou votre grille-pain en viager si vous le souhaitez (et si vous trouvez un acheteur!).

A. L'histoire du viager

Le concept du viager et très ancien. Il existait déjà sous les empires égyptien (2700 à 2200 av. J.-C.) et babylonien (1894–1595 av. J.C.). Le viager figure dans le Code de Gortyne, l'un des codes civils les plus anciens qui remonte à une civilisation Crétoise du Vème siècle av. J.C. Le viager était pratiqué sous l'Empire romain, mais c'est vers la fin de cette époque que le viager a connu son essor. Les rois qui étaient à la tête de pays crées après la chute de Rome distribuaient les terres qu'ils avaient conquises. Certains utilisaient le viager pour vendre ces terres.

Le viager est réapparu en France en 876 sous Charles II. La suite de l'histoire du viager se passe aux Pays-Bas au 15ème siècle. Le scientifique, statisticien inventeur Christian Huygens a réalisé la première table de mortalité pour calculer l'espérance de vie. Plus tard, en appliquant ces travaux au domaine de la finance, son compatriote Johan de Witt à découvert comment calculer le montant d'une rente viagère.

Au même moment, en France le viager commençait à être mieux encadré par le droit, notamment par un édit royal de 1661 limitant la vente en viager aux biens entre particuliers, plutôt qu'entre états souverains. L'année suivante, Charles IV de Lorraine a vendu son duché à Louis XIV contre une rente viagère de 200 000 écus.

La création de la Compagnie Royale d'Assurance en 1787 a permis d'offrir des protections contractuelles aux vendeurs et aux acheteurs en viager. La pratique devenant moins risquée, son utilisation s'est répandue.

En 1804 le viager entre formellement dans le droit français. Il figure dans le Code civil ou «Code Napoléon». Pas moins de 16 articles lui sont consacrés! Le même Napoléon n'a pas tardé à en faire profiter son entourage: en 1815, son épouse l'impératrice Marie-Louise, est devenue Duchesse de Parme à titre viager. En 1841, sous le règne de Louis-Philippe, la France achète l'île de Mayotte en viager.

Si le viager est par la suite devenu plus largement accessible, il continue d'intéresser les puissants. Charles de Gaulle, Valery Giscard d'Estaing ou plus récemment François Hollande: tous ces anciens présidents français ont acheté des propriétés en viager.

En Suisse, le contrat en viager figure dans le Code des Obligations – déjà dans le Code fédéral des obligations de 1881, puis avec seulement quelques changements dans la Loi fédérale du 30 mars 1911 complétant le Code civil suisse.

Que faut-il retenir de la longue (et lente) épopée du viager? Deux points sont pertinents:

- Beaucoup des pratiques anciennes qui existent encore aujourd'hui répondent à un besoin important et évident. Si le viager à continuer d'apparaître au cours des 4000 dernières années et qu'il existe toujours, c'est parce que les problèmes qu'il résout sont aussi vieux que l'humanité
- Au cours de sa longue histoire, le viager n'a cessé d'évoluer pour s'adapter au contexte social et économique. Aujourd'hui encore le viager continue d'évoluer: par exemple, les banques offrent de plus en plus d'« hypothèques inversées » qui fonctionnent presque comme un viager. De même, des nouvelles entreprises commencent à proposer des formules innovantes autour du viager

Ainsi, si le viager est «vieux comme le monde», il reste un instrument bien vivant et tout à fait moderne!

B. Les contrats de vente immobilière classiques

La vente d'une maison peut se faire sous différents types de contrats. Chaque type de contrat peut être grevé de droits additionnels ou être décliné selon différentes modalités. Il en résulte une jungle de termes juridiques dans laquelle il n'est pas toujours facile de se retrouver.

Avant de se pencher sur les détails du contrat viager, il est donc utile de le comparer à d'autres contrats de vente immobilière avec lesquels vous êtes peut-être plus familiers.

La vente directe: le contrat immobilier classique

C'est la forme la plus simple et la plus courante de vente immobilière. L'acheteur et le vendeur s'accordent sur un prix de vente et une date. A la date choisie, la transaction a lieu: le vendeur reçoit la somme décidée, le registre foncier est modifié au nom de l'acheteur qui devient ainsi le propriétaire du bien.

La vente conditionnelle

Comme son nom l'indique, sous un contrat de vente conditionnelle, la transaction sera exécutée si certaines conditions sont remplies. Par exemple:

- L'achèvement de travaux ou de rénovations
- L'obtention d'un permis de construire
- L'accomplissement de démarches administratives (par exemple, l'inscription de l'acheteur en tant que propriétaire au sein d'une copropriété) ou financières (par exemple, le paiement de l'intégralité du prix de vente)

La vente à terme

Lors d'une vente à terme, le vendeur et l'acheteur se mettent d'accord sur une date à laquelle la transaction sera effectuée. L'acheteur devient propriétaire non pas au moment où le contrat est signé, mais au moment où il est réalisé: à la fin du terme sur lequel les deux parties se sont accordées. Dans certains cas, le vendeur pourrait recevoir un acompte à la signature du contrat, mais ce n'est qu'à la fin du terme qu'il reçoit l'intégralité du prix de vente.

Un contrat de vente à terme est similaire au viager dans la mesure où l'acheteur jouit du bien un certain temps après avoir signé un contrat de vente. Si le terme d'un contrat viager est souvent aléatoire, nous verrons bientôt qu'il peut parfois aussi être défini. La différence principale entre une vente à terme et une vente viagère est donc la suivant: dans une vente à terme le vendeur reste le propriétaire jusqu'au terme fixé, alors qu'avec un viager le transfert de propriété se fait au moment de la signature du contrat

C. Le principe du viager

Le principe du viager est très simple: le vendeur garde le droit de rester chez-lui jusqu'à la fin de sa vie (ou d'un terme défini d'un commun accord avec l'acheteur).

A la signature du contrat, l'acheteur lui verse une somme qui correspond à une fraction de la valeur du bien. Traditionnellement, dans le cadre d'un viager «classique», l'acheteur verse régulièrement une certaine somme jusqu'au décès du vendeur. Après le décès du vendeur, la propriété est transférée à l'acheteur.

Le viager a son propre vocabulaire. Voici les termes que vous devez connaitre pour bien comprendre comment il fonctionne:

- La valeur vénale: c'est la valeur estimée de la maison. Cette estimation est le plus souvent faite par un professionnel. La valeur vénale sert de point de départ à la négociation entre le vendeur et l'acheteur pour déterminer un prix de vente
- Le bouquet: c'est la somme que l'acheteur verse au vendeur à la signature du contrat. Le vendeur peut accéder à ce montant immédiatement et l'utiliser librement
- La décote: c'est le montant qui est déduit de la valeur vénale d'un bien pour arriver au montant du bouquet. La décote est la contrepartie du droit de rester chez soi. Par exemple, pour une maison dont la valeur vénale est de CHF 1 million, si une décote de 60% est appliquée (soit CHF 600'000), le bouquet sera de CHF 400'000. La décote varie en fonction de l'espérance de vie du vendeur, ainsi que des taux d'intérêts en vigueur
- La rente viagère: ce sont les paiement réguliers (mensuels, semestriels, etc.) que verse l'acheteur au vendeur et qui viennent compléter les revenus (rentes AVS etc.) du vendeur. La rente viagère peut être réduite à zéro en faveur d'un bouquet plus important (détails discutés ci-après au point D)
- Le droit d'usage: c'est le droit que se réserve le vendeur de continuer à vivre dans le bien après l'avoir vendu. Comme nous le verrons bientôt, les droits et obligations du vendeur ne sont pas les mêmes selon la forme et selon le type de droit d'usage

Un exemple

Mme Sophie Fonfec, 78 ans vend sa maison en viager. La valeur vénale de la maison est estimée à CHF 1 millions. Mme Fonfec s'accorde avec le vendeur sur une décote de 60%, soit CHF 600'000. Si elle choisit de ne pas recevoir de rente, Mme Fonfec touchera donc un bouquet de CHF 400'000 à la signature du contrat. En plus de rester vivre chez elle, elle pourra utiliser une partie de cette somme pour rembourser ses dettes, s'en réserver une part pour assurer le train de vie qu'elle désire, et distribuer le reste parmi ses enfants pour les aider à réaliser leurs projets.

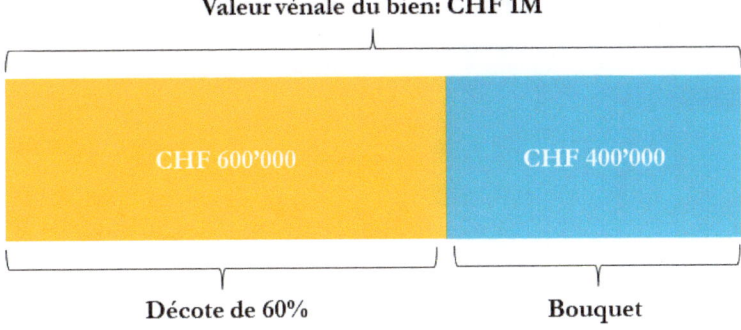

D. Les modalités du viager

Quand on parle de viager, on pense le plus souvent à la formule classique que nous venons de décrire. C'est certainement la formule la plus connue – mais pas forcément la plus pratiquée.

Un contrat viager peut être décliné selon plusieurs modalités ou être accompagné de certaines clauses, si bien qu'il existe une grande variété de viagers. Cette diversité est particulièrement intéressante pour le vendeur: elle permet d'adapter le contrat de vente de façon à répondre au plus près des besoins des propriétaires.

D'ici la fin de ce livre, vous aurez les connaissances nécessaires pour savoir quelles modalités correspondent le mieux à vos propres besoins.

Les différentes modalités du viager peuvent être vues comme une série d'options à choisir, chaque option ayant différentes implications. Ces options sont les suivantes:

i. La rente

Le viager peut être avec ou sans rente. Si le vendeur ne souhaite pas recevoir de rente, l'achat du bien sera entièrement financé par le bouquet. A l'inverse, si le vendeur souhaite recevoir une rente, une partie du capital prévu pour le bouquet sera réservée pour le paiement des rentes. La manière dont ce capital est reparti entre le bouquet et la rente dépend principalement i) du montant de la rente que le vendeur souhaite recevoir, et ii) de l'espérance de vie du vendeur (et donc de la durée pendant laquelle des rentes lui seront versées).

Ce qu'il faut savoir: En décidant d'opter pour une rente ou non, deux éléments sont à prendre en compte:

1. Le bouquet est plus important si le vendeur ne reçoit pas de rente
2. Le viager sans rente est souvent plus intéressant d'un point de vue fiscal. Les revenus de la rente sont imposés plus fortement que le bénéfice réalisé sur la plus-value immobilière

ii. Le droit d'usage

Le droit d'usage est le droit de rester chez soi après avoir vendu sa maison. Les droits et les obligations du propriétaire qui vend sa maison en viager sont différents selon que le droit d'usage ait la forme d'un droit d'habitation ou d'usufruit.

Ce qu'il faut savoir: pour savoir quel droit d'usage vous conviendrait le mieux, il faut répondre à trois questions:

1. Qui va vivre dans la maison après la vente? Le vendeur a plus de flexibilité avec un droit d'usufruit: le vendeur à le droit de louer le bien et d'encaisser des loyers. A l'inverse, avec un droit d'habitation le droit d'usage n'est pas transmissible, et seul le vendeur ou ses proches peuvent vivre dans la maison.
2. Comment seront repartis les frais et charges entre le vendeur et l'acheteur? Si l'usufruit confère plus de droits, il implique aussi plus d'obligations. Dans tous les cas, les charges, l'entretien de la maison et les petits travaux seront à la charge du vendeur qui continue de vivre dans la maison. Mais si le vendeur opte pour un usufruit, il devra aussi payer les intérêts hypothécaires et l'assurance pour la maison.
3. Quel sera l'impact fiscal? Le choix entre un droit d'habitation et un usufruit peut aussi entraîner des conséquences pour les impôts. Généralement, l'usufruit implique une charge fiscale

plus importante, mais peut aussi donner lieu à plus de déductions.

Le tableau ci-dessous récapitule les principales différences entre le droit d'habitation et le droit d'usufruit.

Droit d'usage	Droit d'habitation	Droit d'usufruit
Droits du vendeur	Droit d'occuper le bien	Droit de disposer économiquement du bien
Droits associés	Pas le droit de louer	Droit de louer
Obligations	• Charges • Entretien • Petits travaux	• Charges • Entretien • Petits travaux • Intérêts hypothécaires • Primes d'assurance
Impôts	• Charge fiscale moins importante	• Charge fiscale plus importante • Plus de déductions

iii. Occupation du bien

Le viager peut être libre ou occupé. Dans un viager occupé, le vendeur continue de vivre dans la maison après l'avoir vendu. C'est la formule classique du viager. Dans le cadre d'un viager libre, la maison est à la libre disposition de l'acheteur, mais le vendeur continue de recevoir une rente – ce qui peut être très pratique par exemple si le vendeur vit en EMS et a besoin de ressources supplémentaires pour financer son hébergement médicalisé.

Ce qu'il faut savoir: Le bouquet et la rente seront généralement plus élevés avec un viager libre. Pourquoi? La décote opérée sur la valeur vénale du bien est une contrepartie au droit de continuer de vivre chez soi. Si le vendeur n'occupe plus le logement, et que l'acheteur peut l'occuper ou la louer, la décote sera plus petite – et le bouquet plus important.

iv. Durée du contrat

Une vente en viager peut être à vie ou à terme. Lors d'une vente à terme, la durée du droit d'habitation est définie au moment de la vente. Par exemple, un propriétaire sait qu'il va déménager à l'étranger dans cinq ans. En vendant sa maison avec une vente à terme pour cinq ans, le vendeur pourrait rester vivre chez lui et percevoir une rente pendant cinq ans – après quoi il libérera la maison et l'acheteur en prendra pleine possession.

Mais le plus souvent un contrat en viager dure toute la vie du vendeur. Il peut donc rester dans sa maison et bénéficier dès à présent du capital accumulé dans sa maison.

Ce qu'il faut savoir: Dans une vente à terme, le droit d'usage dure généralement moins longtemps. La décote est donc souvent plus petite et le bouquet plus important – surtout si l'espérance de vie du vendeur au moment de la vente est plus longue. La vente à terme peut donc être particulièrement intéressante pour les propriétaires plus jeunes.

Le tableau ci-dessous résume les différentes modalités du viager et leurs principales conséquences pour le vendeur

TOUT SAVOIR SUR LE VIAGER EN SUISSE

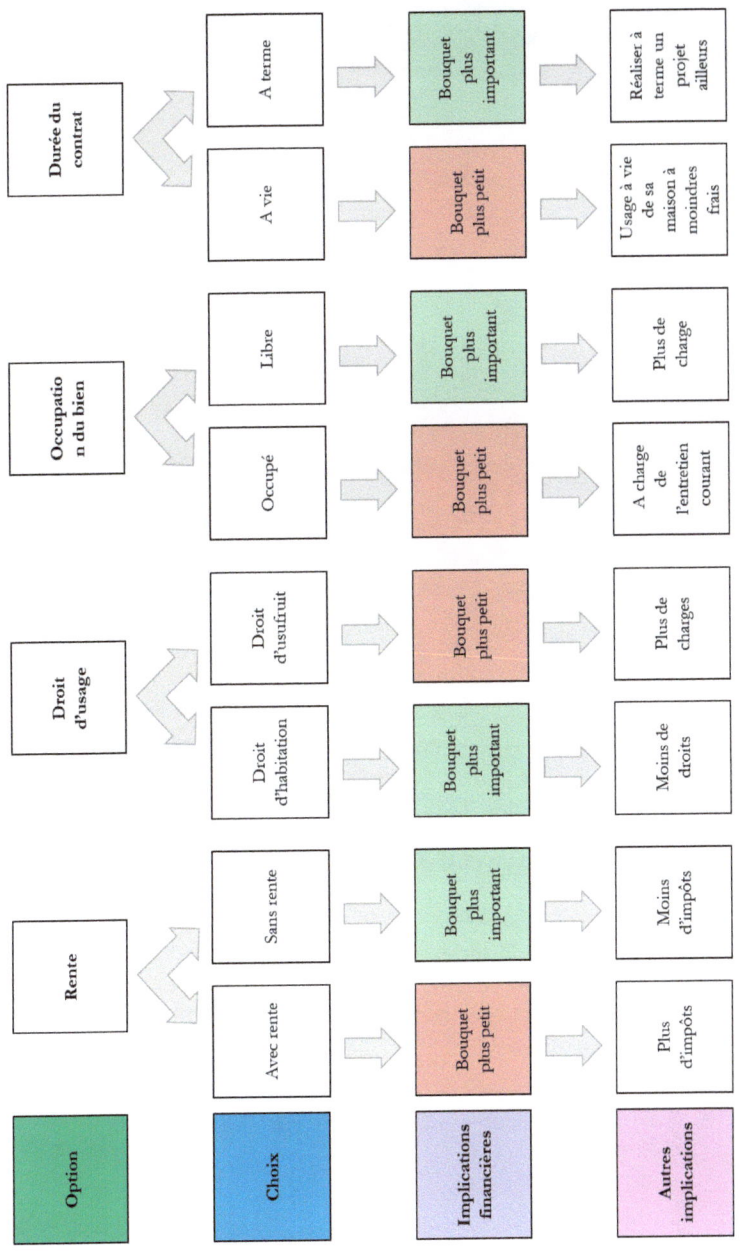

3. LES ASPECTS JURIDIQUES ET LES GARANTIES POUR LE VENDEUR

La vente en viager est souvent décrite comme une entreprise risquée. Mais lorsque l'on parle des risques de la vente immobilière en viager, on pense généralement au principal risque pour l'acheteur: si le vendeur vit très longtemps, le coût total du bien immobilier peut être beaucoup plus élevé qu'initialement prévu.

Toutefois, si le viager comporte des aléas pour l'acheteur, il présente aussi des risques pour le vendeur. Quels sont ces risques, et comment s'en prémunir?

A. Le viager dans le droit Suisse

Les principes du viager est inscrit dans le droit Suisse. Spécifiquement, les articles 516 à 529 du Code des Obligations traitent exclusivement du viager. Ces articles contiennent notamment des provisions concernant les éléments suivants:

- L'objet du contrat viager
- La forme écrite que doit avoir un contrat viager
- Les droits et obligations de l'acheteur et du vendeur
- Les rentes viagères
- Les dispositions concernant la cession, l'annulation et l'extinction d'un contrat viager

D'autres aspects du contrat viager, sont régis par les lois et dispositions s'appliquant aux transactions immobilières classiques. Si vous envisagez de vendre votre maison en viager vous pouvez donc être rassuré: le viager est prévu par le droit suisse. Le monde suisse du viager n'est donc pas le Far-West! Cependant, pour certains aspects du viager le cadre légal n'est pas toujours bien défini – en grande partie parce que cette forme contractuelle est encore peu courante en Suisse, et elle est donc dépourvue de nombreux précédents judiciaires.

C'est pourquoi il est primordial pour un vendeur de porter une attention particulière au contrat de vente. Certaines clauses contractuelles ainsi que d'éventuels droits optionnels peuvent apporter un degré de protection important au vendeur, et lui permettent de se prémunir contre les aléas du viager.

B. Les protections contractuelles

Si vous vendez votre maison en viager, de quelles garanties et protections contractuelles bénéficierez-vous? Quels sont vos droits et vos obligations?

Voici les éléments de réponse:

- Quelles que soient les modalités du contrat, **le droit d'usage est inscrit dans l'acte de vente notarié dans le registre foncier**, ce qui offre une protection optimale pour le vendeur
- Après la vente, **le bien reste la résidence principale du vendeur** qui a un statut similaire à celui d'un locataire au travers du droit d'usage. Ce droit d'habitation est clairement stipulé dans le contrat de vente et constitue la base des rapports fiscaux et contractuels du vendeur
- En général, **les responsabilités du vendeur et de l'acheteur** sont distribuées de la manière suivante: **le vendeur** est responsable des charges, des assurances, de l'entretien courant de la maison et des petits travaux, alors que les gros travaux sont du ressort de **l'acquéreur**. Les modalités du contrat peuvent généralement être aménagés en fonction du contexte de chaque vendeur

> **Les astuces pour réussir sa vente en viager:** si le principe du viager est relativement simple, le caractère aléatoire d'une vente viagère peut néanmoins entraîner des complexités. Il est donc fortement recommandé de se faire conseiller par un professionnel de confiance avant de procéder à une telle transaction. Mais comment savoir combien se fier au professionnel avec lequel on négocie? Certains indices peuvent en témoigner. Voici comment les reconnaitre:
>
> - Généralement, un partenaire de confiance consignera clairement et par écrit tous les éléments discutés pendant la totalité du processus de vente. Le projet d'acte sera partagé, discuté et modifié de façon collégiale, avec le concours d'un notaire que le vendeur aura la liberté de choisir s'il le souhaite
> - Avant de réaliser une transaction, un professionnel de confiance procédera à une analyse complète de la propriété et, si besoin, une planification des travaux nécessaires de concert avec les actuels propriétaires. Celle-ci sera clairement stipulée dans l'acte notarié
> - Un professionnel prendra en considération l'ensemble des points connus avant la transaction. En toute transparence, il les consignera dans l'acte afin que les droits et devoirs du vendeur et de l'acheteur soient clairement stipulés et connus par chacun

C. L'acheteur pourra-t-il payer?

On peut voir le viager comme un prêt que le vendeur accorde à l'acheteur. Le bouquet correspond alors à l'apport en fonds propres de l'emprunteur, et le remboursement du prêt se fait à travers le droit d'usage dont bénéficie le vendeur (et éventuellement du versement des rentes).

Vu de cette manière, pour le vendeur le viager présente des risques similaires à ceux auxquels une banque fait face lorsqu'elle accorde un prêt: que faire si l'emprunteur ne peut plus rembourser – c'est-à-dire s'il ne peut plus payer les rentes?

Ce risque est réel. Pour acheter en viager, c'est-à-dire pour payer le bouquet et verser les rentes, l'acheteur utilise généralement ses propres fonds. En effet, les banques sont réticentes à faire des prêts pour un achat en viager, car elles n'ont pas de garantie de premier rang sur le bien immobilier: puisque le droit d'habitation du vendeur est prioritaire, une banque ne pourrait pas saisir le bien au cas où l'acheteur ne rembourserait plus son emprunt.

Dans une telle situation, voici les protections dont bénéficie le vendeur:

- **Si l'acheteur décède** avant la fin du contrat, l'obligation de verser une rente passe alors à ses héritiers qui devront à leur tour continuer de verser la rente
- **Si l'acheteur fait faillite**, le vendeur peut en principe réclamer une somme équivalente au montant des rentes qui lui seraient dues. L'acheteur peut aussi participer à une saisie faite contre le vendeur

D. Les droits optionnels: des clauses pour se protéger

Au-delà de ces protections légales, certains droits peuvent facultativement être grevés au contrat de vente. Il faut savoir qu'en cas de litige judiciaire entre le vendeur et l'acheteur, le contrat sera soumis à l'interprétation d'un juge. Si vous vendez en viager vous pourrez éviter les aléas que cela représente et avoir plus de certitudes en vous assurant que le contrat contienne:

- **Un droit de réméré**. Il donne au vendeur le droit de racheter le bien immobilier dans un délai défini (mais limité à 25 ans)
- Une **clause résolutoire**. Dans certaines conditions, cette clause permet au vendeur d'annuler la vente mais de garder les rentes versées jusque-là

A noter que certaines clauses peuvent aussi être introduites dans un contrat de viager pour protéger l'acheteur:

- Avec un **droit d'emption**, un acheteur peut acquérir le bien immobilier plus tard, dans un délai de dix ans au maximum. Combiné avec une vente à terme ou une vente conditionnelle, un droit d'emption garantit à l'acheteur que le bien ne sera pas vendu à quelqu'un d'autre
- Un **droit de préemption** est une option qui permet au

détenteur de ce droit d'être prioritaire en cas de vente. Si le vendeur trouve un autre acheteur potentiel, le détenteur du droit de préemption aura jusqu'à trois mois pour décider s'il veut acheter le bien

4. LE VIAGER: POURQUOI ET POUR QUI?

Argent, famille, santé: sans surprise, ces trois préoccupations centrales pour tout un chacun sont aussi les raisons les plus courantes pour lesquelles les propriétaires décident de vendre en viager.

Ces préoccupations peuvent entraîner un besoin important d'argent liquide. Or, pour la très grande majorité des propriétaires immobiliers en Suisse, leur maison représente l'essentiel de leur patrimoine. Mais c'est une partie de leur fortune à laquelle ils ne peuvent pas facilement accéder.

Si c'est votre cas et que vous avez besoin de cash, vous avez généralement deux possibilités:

1. **Faire un emprunt:** mais cela créé une charge supplémentaire, et de toute façon la banque pourrait ne pas accorder de prêt: les banques sont de plus en plus réticentes à accorder des prêts, surtout aux personnes d'un certain âge.
2. **Vendre votre maison:** mais cela implique de déménager, pour se retrouver dans un bien locatif souvent plus petit et plus cher, et de changer ses habitudes de vie.

C'est pourquoi le viager peut être une alternative attrayante. Il vous permet d'accéder immédiatement au capital de votre maison, mais sans avoir à vous endetter ou déménager. Et le tout en maintenant vos habitudes et votre niveau de vie.

A. Les retraités en Suisse vivent plus longtemps, mais pas toujours mieux

La vie des seniors a beaucoup évolué au cours des dernières décennies, et pourrait connaître d'importants chamboulements dans les années à venir. A cause de ces changements, de plus en plus de retraités en Suisse peuvent éprouver le besoin de vendre leur maison.

La qualité de vie s'est généralement améliorée, mais les finances sont souvent tendues. Les seniors en Suisse jouissent d'une espérance de vie de plus en plus en plus longue et généralement d'une meilleure qualité de vie. Ils bénéficient aussi d'une résidence à domicile prolongée grâce à l'amélioration des soins à domicile.

Mais ces changements peuvent coûter cher: en Europe durant les 10 dernières années, les dépenses des seniors ont augmenté, que ce soit pour la santé (+11%), les technologies de maintien à domicile (+32%) ou le logement (+65%).

Par ailleurs, si les revenus et la fortune des seniors évoluent généralement à la hausse, ce n'est pas le cas pour tous. Les inégalités parmi les retraités augmentent. Pour beaucoup, les rentes ne suffisent souvent pas à couvrir les dépenses. Et ces dépenses peuvent être significatives, par exemple pour:

- Rembourser des dettes et des emprunts
- Subvenir aux besoins de ses enfants et petits enfants
- Financer un hébergement en EMS

Enfin, dans un futur proche, les revenus et la fortune des seniors pourraient baisser à cause d'évolutions sociales, politiques et économiques: des crises financières qui détruisent leur capital, de nouvelles dispositions légales qui diminuent les rentes ou augmentent les taxes sur l'héritage.

B. La vente, ça vous tente?

Dans ce contexte, il n'est pas surprenant que de nombreux séniors pensent à vendre leur maison. C'est peut-être votre cas. Vous vous dites qu'une vente peut dégager des sommes d'argent significatives. Avec cet argent vous pourriez faire face à une situation financière délicate ou tout simplement profiter pleinement de vos vieux jours.

Une vente peut paraître d'autant plus judicieuse que les seniors vivant dans des maisons individuelles occupent souvent des surfaces plus importantes que ce dont ils ont besoin, surtout lorsque les coûts d'entretien sont pris en compte.

Mais attention! Vendre sa maison comporte des risques considérables. Avant de vendre votre maison réfléchissez bien:

- Après avoir pris en compte les commissions versées aux intermédiaires (courtiers, avocats, notaires, etc.) et le remboursement de votre hypothèque, le montant de la vente correspond-il vraiment à ce que vous espériez?
- Si vous vendez, vous devrez quitter votre logement. Peut-être y-avez-vous vécu de nombreuses années. Êtes-vous prêt à déménager pour vivre dans un logement de moins bonne qualité mais au loyer plus élevé?
- En vendant, vous augmentez les chances d'être un jour transféré vers un établissement spécialisé. Celui-ci coutera plus cher et sera moins confortable qu'une solution de soins à domicile. Si ce jour arrive, ne serait-il pas mieux d'avoir des alternatives?

C. Une alternative idoine: la vente en viager

La vente vous tente, mais ces questions vous font réfléchir? C'est exactement pourquoi La vente viagère est une alternative attrayante à la vente immédiate de sa propriété!

Le viager permet aux propriétaires de continuer à vivre chez eux tout en profitant des revenus de la vente et éventuellement d'une rente à vie.

Par rapport à la vente classique, la vente en viager offre d'importants avantages aux propriétaires:

- Pouvoir accéder immédiatement au capital de sa maison et continuer d'y habiter. Les propriétaires peuvent garder toutes leurs habitudes de vie et même améliorer leur niveau de vie.
- Avec l'argent de la vente, les vendeurs en viager peuvent rembourser leurs dettes, financer des soins à domicile ou un hébergement en EMS. Le capital restant peut venir compléter une rente AVS et permettre aux propriétaires de couvrir leurs besoins et de ne plus avoir de difficultés financières.
- En vendant leur maison en viager les propriétaires peuvent aussi transmettre une partie de leur patrimoine à leurs

enfants ou petits-enfants. Ils peuvent leur donner un réel coup de pouce aujourd'hui quand ils en ont le plus besoin, plutôt que d'attendre un héritage futur.
- Les vendeurs peuvent organiser leur succession de leur vivant et avoir la sérénité que leur descendance ne sera pas désunie par des questions d'héritage.
- Le viager permet tout simplement de profiter pleinement de la vie. C'est la solution idéale pour vivre une retraite épanouie.

*
*　*

Le viager peut ainsi être une solution particulièrement bien adaptée à tout un éventail de situations personnelles. Comment peut-il répondre à vos besoins? Pour le savoir, voici les histoires de quelques propriétaires qui ont vendu leur maison en viager. Dans lequel des personnages suivants vous reconnaîtrez-vous le plus?

D. Faire face à des difficultés financières

Jean à 76 ans, il est veuf. Son fils s'est installé depuis longtemps en Autriche et ne compte pas revenir vivre en Suisse. Jean à des difficultés financières: étant donné son âge et ses revenus, sa banque doit augmenter son taux hypothécaire chaque année.

Au bout d'un moment, Jean ne peut plus faire face à la charge. Il ne sait pas comment s'en sortir et il se retrouve contraint de vendre sa maison. Mais il l'a hérité sa maison de sa mère et ne veut pas la quitter.

Jean reçoit des offres d'achat intéressantes, mais elles impliquent de quitter sa maison immédiatement, et déménager pour vivre dans un petit appartement en périphérie. La somme qu'on lui propose est conséquente. Mais après avoir payé ses dettes, le montant de la vente suffirait à peine pour couvrir ses besoins et son loyer pendant cinq ans.

En vendant sa maison en viager, Jean peut utiliser une partie du bouquet pour rembourser ses dettes. Il se soulage immédiatement d'un poids qui devenait de plus en plus pesant. Avec le capital restant il peut profiter de la vie. Et surtout, il peut rester vivre chez lui où il a grandi, et dans le village où vivent encore beaucoup de ses amis.

E. Aider les générations futures

Hélène à 83 ans et habite dans un bel et grand appartement en centre-ville. Son fils Thomas voudrait s'acheter une maison, mais il a besoin d'un apport supplémentaire pour avoir droit à un prêt. Elise, la petite-fille d'Hélène est un génie de l'informatique et voudrait créer son entreprise. Elise et Thomas pourraient attendre pour toucher leur héritage, mais c'est maintenant qu'ils ont besoin des fonds.

En vendant son appartement en viager, Hélène peut utiliser les revenus de la vente pour financer les projets d'Elise et Thomas. Sans rien changer à ses habitudes de vie et sans plus rien avoir à se refuser, Hélène peut donner un sérieux coup de pouce aux générations futures. Elle à la satisfaction de pouvoir installer ses descendants dans la vie. Elle peut vivre ses vieux jours en admirant l'affaire d'Elise grandir de succès en succès, tandis que la petite famille de Thomas s'épanouit dans leur nouvelle maison.

F. L'immobilier face au choc des familles

La famille change. Elle change d'un point de vue sociétal, où les familles décomposées et recomposées sont devenues très courantes. Les mœurs évoluent et de nouvelles configurations familiales sont de plus en fréquentes – le concubinage, par exemple. Mais nos parcours de vie individuels peuvent aussi chambouler les familles: les couples divorcent, un conjoint décède, des fratries se disputent.

Et l'immobilier dans tout ça? Au milieu de ces changements, gérer les questions immobilières est souvent difficile. La maison familiale peut attirer des convoitises, et une maison ne se partage pas comme un morceau de pain ou une somme d'argent. Dans beaucoup de cas, le viager est une solution idéale.

i. Remus et Romulus

Christiane et Éric sont frères et sœurs. Ils ont une relation cordiale mais fragile. Pour leur parents, Yvette et Beat, le plus grand plaisir au monde est de voir leurs enfants et leurs familles respectives réunies ensemble. Mais en vieillissant ils s'inquiètent de ce qu'il se passera quand ils ne seront plus là. Leur progéniture se déchirera-t-elle au sujet de la maison familiale? Comment feront leurs enfants pour partager ce qu'Yvette et Beat ont mis une vie à construire?

Ils décident de prendre les devants et d'organiser leur succession de leur vivant. Ils vendent la maison en viager. Tout en pouvant rester habiter chez eux, ils mettent de côté ce dont ils pensent avoir besoin pour vivre leur retraite confortablement. Ils distribuent le capital restant de la vente entre leurs deux enfants de la manière dont ils le souhaitent. Yvette et Beat ont ainsi l'assurance que les difficiles questions du partage de l'héritage n'ébranleront pas la famille puisqu'ils auront déjà réglé la question de leur vivant.

ii. Kramer contre Kramer

Jérôme, 66 ans, et Pauline, 64 ans, sont en instance de divorce. Lorsqu'ils ont commencé à fonder une famille ils ont acquis une belle maison familiale à la campagne. Malgré les rancœurs, la maison reste le symbole de leur vie commune, et ils voudraient la préserver encore quelque temps, ne serait-ce que pour leurs enfants.

Mais comment faire? Ils ont pu se mettre d'accord sur le partage de l'argenterie et des meubles, mais pour la maison, c'est plus compliqué. Faute de moyens et de meilleure solution, ils sont obligés de vendre le bien. Chacun aura sa part, et pourra se reloger de son coté, mais la maison sera perdue.

C'est pourquoi ils vendent la maison en viager. Pauline peut utiliser sa part des revenus de la vente pour racheter la part de Jérôme. Jérôme pourra se reloger confortablement, tandis que Pauline pourra garder la maison pour y vivre avec ses enfants.

iii. Roméo et Juliette: concubinage et droit d'habitation font bon ménage

Sylvie à 85 ans. Depuis le décès de son mari il y a plus de dix ans, elle vie en concubinage avec André qui a 74 ans aujourd'hui. Sylvie et André vivent ensemble dans la maison de Sylvie, mais André n'est pas copropriétaire.

Sylvie s'inquiète beaucoup de ce qu'il se passera après sa mort. Elle sait que sans dispositions adéquates, léguer la maison à André entrainerait d'importants tracas administratifs auxquels il devrait faire face alors qu'il serait en deuil.

C'est pourquoi Sylvie décide de vendre sa maison en viager avec un droit d'habitation à son nom ainsi que celui d'André. Elle sait ainsi qu'André pourra continuer de vivre dans la maison si elle décède en premier. De plus, Sylvie disposera immédiatement de l'argent de la vente de la maison. Elle peut donner le tout ou une partie à André de son vivant. André pourra donc s'en servir pour couvrir ses besoins après la mort de Sylvie.

Sylvie a ainsi la sérénité que son compagnon est à l'abri, quoi qu'il arrive.

G. Financer, repousser ou éviter un hébergement médicalisé

Pierrette a 82 ans, et Marcel son mari en a 85. L'état de santé de Marcel s'est récemment dégradé, et il doit partir vivre en EMS. Pierrette est en bonne forme et voudrait rester chez-elle le plus longtemps possible, éventuellement en bénéficiant de soins à domicile si elle en a besoin un jour.

Pierrette se penche sur les coûts de ce qu'ils entreprennent, et découvre avec stupeur que leur rentes AVS ne suffiront clairement pas: un hébergement en EMS coûte en moyenne CHF 9'000 par mois. Si l'assurance maladie couvre environ 25% de ces coûts et que l'état prend en charge 15% des frais, Pierrette et Marcel doivent néanmoins débourser CHF 5'400 par mois pour l'hébergement de Marcel.

Comment pourront-ils supporter ces coûts? Ils pourraient utiliser les revenus de leurs rentes, y-compris l'allocation pour impotence dont bénéficie Marcel. Mais ils devront aussi utiliser leur fortune propre, dont la maison représente la plus grande partie. Pierrette comprend qu'une part de leur fortune est franchisée: seule la fortune au-dessus d'un certain seuil sert à payer l'hébergement en EMS. Dans le canton de Vaud où vivent Marcel et Pierrette, ce seuil pour un couple est de CHF 60'000.

Pierrette et Marcel pourraient bénéficier de prestations complémentaires pour aider le financement. Mais même avec ces aides, leurs ressources sont à peines suffisantes. Et comment fera Pierrette par la suite? Elle aura presque tout dépensé pour l'hébergement de Marcel. Il pourrait ne plus lui rester grand-chose – de quoi couvrir ses besoins mais guère plus. Et si sa mobilité est réduite par la suite, elle ne pourra ni équiper sa maison convenablement, ni payer des soins à domicile. Pierrette se demande si elle aura d'autre choix que de finir à l'hospice.

Et la maison dans tout ça? Leurs revenus et fortune disponible ne sont pas énormes, mais la maison à une belle valeur. La louer ou la donner ne sont pas des options intéressantes (voir encadré). Pierrette comprend qu'elle n'a pas d'autre choix que de vendre sa maison. Elle pourrait la vendre à ses enfants, qui pourraient lui permettre de rester vivre dans la maison, et éventuellement l'aider avec les soins nécessaires. Puisqu'ils auront acquis le bien immobilier comme l'aurait fait n'importe quel autre acheteur, la transaction n'entrainera pas d'obligation d'entretien des enfants envers leurs parents.

Pierrette décide finalement de vendre sa maison en viager. Elle utilisera une partie du bouquet pour financer l'hébergement en EMS de Marcel, et utilisera le reste pour aménager sa maison pour qu'elle puisse continuer d'y vivre le plus longtemps possible. Avec la rente viagère qu'elle recevra chaque mois, elle sera en mesure de payer une aide médicale à domicile quand elle en aura besoin.

Bon à savoir: donation, location – attention aux risques cachés!

La location: une fausse bonne idée. Pour quelqu'un qui part vivre en EMS, la location peut sembler intéressante: pas besoin d'abandonner définitivement la maison, et qui sait, les enfants pourraient y retourner un jour s'ils le souhaitent. Mais attention! La location est souvent peu rentable: d'un côté il y a des coûts importants: intérêts hypothécaires, coûts d'entretien, provisions pour loyer non-payés, l'assurance civile, etc. D'un autre côté, les revenus des loyers perçus pourraient entrainer une baisse des prestations complémentaires disponibles pour aider à financer l'hébergement médicalisé. Dans tous les cas, gérer une location et les tracas qui vont avec demande soit d'importants frais de gestion, soit beaucoup d'énergie!

Si vous aimez vos enfants, ne leur donnez pas votre maison! Donner sa maison à ses enfants au moment de rentrer en EMS? Cela semble relever du bon sens. Mais la donation est problématique. D'une part, le calcul pour déterminer le droit aux prestations complémentaires se fait comme si le résident est encore propriétaire de la maison qu'il a donné. Les prestations pourraient donc être réduites, voire refusées. D'autre part, si les revenus d'un résident en EMS sont insuffisants pour couvrir le

> coût d'un hébergement, les enfants à qui la maison a été donnée devront participer aux frais – ils seront en quelque sorte obligés de rendre une partie du don qu'ils ont reçu.

H. Vivre une retraite épanouie

Louise et Norbert ont 79 ans. Ils ont travaillé dur toute leur vie pour élever leurs enfants et financer leur maison. Les enfants sont maintenant entièrement indépendants, et Louise et Norbert décident qu'il est enfin temps pour eux de profiter de la vie: ce voyage en Australie dont ils ont toujours parlé. Les cures thermales dont ils sont particulièrement friands. Les diners dans les restaurants de chefs étoilés dont ils n'ont jamais osé pousser la porte. Et pourquoi pas la belle auto décapotable pour partir en vacances les cheveux au vent?

Mais comment faire? La valeur de leur maison à beaucoup augmenté ces dernières années. Mais s'ils la vendaient, où iraient-ils? C'est pourquoi ils décident de vendre leur maison en viager avec rente. Ils utilisent le bouquet pour acheter une petite cabane en bord de mer pour y passer les weekends, et se servent des rentes pour vivre le train de vie dont ils ont toujours rêvé.

5. LE VIAGER, EST-CE BIEN MORAL?

Nous l'avons donc vu: le viager peut être une solution idéale dans un grand nombre de situations que vivent actuellement beaucoup de propriétaires en Suisse. Peut-être reconnaissez-vous dans les histoires de Jean, Hélène, Jérôme, Sylvie, Pierrette ou Louise et Norbert? Ou peut-être que votre cas personnel est différent, mais vous comprenez à présent le principe du viager suffisamment bien pour imaginer comment il pourrait répondre à vos besoins.

Alors pourquoi ne pas franchir le pas?

Pour beaucoup, le viager est une pratique immorale. Cette notion dissuade de nombreux propriétaires de contempler la possibilité d'une vente en viager. Mais d'où vient-elle? Sans doute à cause son aspect aléatoire, le viager à toujours crée beaucoup de fantasmes. Dans Le petit fût (1884), Guy de Maupassant imaginait l'acheteur d'une maison en viager se montrant très généreux en vin envers la vendeuse pour accélérer la fin du contrat. Rebelote dans Le Viager (1972), film culte de Pierre Tchernia, dans lequel un médecin et son frère achètent en viager la maison d'un patient présumé mourant. Se lassant de voir celui-ci reprendre vigueur, ils élaborent toutes sortes de stratagèmes pour s'en débarrasser – mais toutes leurs tentatives se retournent contre eux.

La réalité dépasse parfois la fiction. Vous connaissez probablement l'incroyable histoire de Jeanne Calment qui a vendu sa maison en viager en 1965 au jeune âge de 90 ans. Le notaire qui avait acheté le bien à vécu jusqu'en 1995, sans jamais pouvoir y vivre. En effet, Mme Calment a été pendant longtemps la doyenne du monde puisqu'elle a vécu 122 ans. Les descendants du notaire ont donc dû verser une rente viagère chaque mois, jusqu'en 1997, payant au total plus de deux fois la valeur vénale de la maison!

Réelles ou fictives, ces histoires façonnent nos idées sur le viager. C'est ainsi que le viager et souvent perçu comme un pari immoral sur la mort des propriétaires. Mais cette idée est un préjugé regrettable. Le viager est en réalité profondément moral tant du point de vue des propriétaires, de leurs descendants ou de la société au sens large. C'est pourquoi nos aprioris négatifs sur le viager sont particulièrement malheureux, puisqu'ils contribuent largement à limiter le recours à une pratique qui pourrait au contraire aider de nombreuses personnes.

A. Une assurance pour la vie plutôt qu'un pari sur la mort

Comme nous l'avons suggéré précédemment, plutôt que de concevoir la vente viagère comme un pari sur la mort des vendeurs, il est plus exact de penser qu'en vendant leur maison en viager les propriétaires accordent un prêt aux acheteurs. De ce point de vue, où les propriétaires enfilent le costume de banquier, il est plus facile de voir que le viager est une réelle aubaine pour eux.

Les exemples précédents le montrent bien: le viager peut être idéal pour certains propriétaires, par exemple en leur permettant d'éteindre leurs dettes, d'organiser sereinement leur succession ou de réaliser des projets longtemps convoités.

Profiter de sa vie, couler ses vieux jours dans le confort et la sérénité: assurément, il n'y a rien d'immoral à cela!

B. Aider ses enfants quand ils en ont besoin

Mais si les propriétaires peuvent profiter d'une vente en viager, n'est-ce pas profondément injuste et égoïste envers leurs enfants? Après tout, ils profitent maintenant de la vente de leur maison, plutôt que de la léguer comme héritage après leur mort.

Ce raisonnement est trompeur. Avec l'allongement de l'espérance de vie, au moment du décès de leurs parents, les enfants sont souvent bien plus avancés dans leur parcours de vie qu'autrefois. C'est généralement bien plus tôt qu'ils éprouvent le besoin d'une aide financière de leurs parents – Par exemple s'ils veulent acheter leur propre maison, s'occuper de leurs enfants, créer une entreprise, etc.

Et c'est justement cette aide au bon moment que permet la vente viagère. Plutôt que d'attendre de transmettre un héritage après leur mort, les propriétaires qui vendent leur maison en viager peuvent utiliser le bouquet pour aider leurs enfants et petits-enfants dès aujourd'hui.

Certainement, le viager n'est pas une option appropriée pour les familles qui tiennent à conserver la maison dans le patrimoine familial pour plusieurs générations. Mais ce n'est pas le cas de tous. Souvent les enfants n'ont que peu d'intérêt à reprendre la maison de leur parents – peut être vivent-ils déjà dans leur maison, ou ils se sont peut-être établis dans une autre ville ou pays, ou ne sont tous simplement pas intéressés à reprendre la maison.

Dans la mesure où il n'y a pas de volonté de garder la maison dans la famille, loin d'être égoïste la vente en viager peut être fondamentalement altruiste.

Donner un sérieux coup de pouce aux générations futures quand ils en ont le plus besoin: il n'y a clairement rien d'immoral à cela!

C. Le viager comme vecteur de progrès social

Rendre le monde meilleur est rarement une préoccupation majeure quand on vend sa maison. Il serait même probablement bien mal avisé de gérer son patrimoine en fonction de l'impact social que pourrait avoir une transaction immobilière! Ceci-dit, de tels impacts sociétaux existent, et doivent être pris en compte dans une discussion sur la moralité du viager.

C'est particulièrement vrai en Suisse, où l'accès à la propriété est fortement limité. Comme le montre le tableau ci-dessous, la Suisse est un des pays du monde (et certainement en Europe) où la propriété immobilière est réservée au plus petit nombre – à peine 40% de la population est propriétaire immobilier. Selon les classements, avec ses 0%, seule la Corée du Nord fait pire!

Pays	Pourcentage de propriétaires
Roumanie	95.8%
Hongrie	91.7%
Russie	89.0%
Norvège	80.3%
Espagne	76.2%
Portugal	73.9%
Italie	72.4%
Belgique	71.3%
Finlande	70.7%
Pays-Bas	69.1%
Irlande	68.7%
Canada	68.6%
Israël	66.5%
Australie	66.2%
USA	65.4%
Royaume-Uni	65.2%
Suède	64.5%
France	64.0%
Japon	61.2%
Danemark	60.8%
Turquie	58.8%
Corée du Sud	58.0%
Allemagne	50.4%
Suisse	41.6%
Corée du Nord	0%

Cet état des choses n'est pas anodin. On le sait, l'accès à la propriété est un vecteur majeur de l'égalité dans une société. La Suisse a su jusqu'à présent préserver un degré de calme par rapport aux affrontements sociaux qui grondent chez ses voisins. Mais l'inégalité grandissante au sein de la population Suisse pourrait-elle à terme mettre en péril la cohésion sociale de la Confédération?

Le viager est un instrument qui a sa part à jouer dans ces

développements. Avec un viager, le bouquet est bien moins élevé que la valeur de marché du bien immobilier. Grâce à cette décote, certains, notamment les plus jeunes, peuvent acheter une maison là où les prix du marché leur seraient prohibitif.

En permettant au plus grand nombre de devenir propriétaires, le viager est ainsi une pratique morale du point de vue de la société dans son ensemble.

Bon pour les propriétaires, bon pour leurs enfants et bon pour la société de demain: décidemment, il n'y a rien d'immoral au viager!

6. LE PRIX DU VIAGER

Le moment est maintenant venu d'aborder la question qui est probablement la plus importante si vous envisagez de vendre votre maison en viager: pour combien pourrez-vous la vendre?

Nous verrons d'abord quels principes guident le calcul d'un viager. Nous appliquerons ensuite ces principes à travers des exemples concrets, puis nous discuterons de certains points importants par rapport au prix du viager.

A. Les principes

Pour toutes les formes du viager (avec ou sans rente, libre ou occupé, etc.), la première étape pour déterminer le prix d'un viager est de calculer le montant du bouquet – c'est-à-dire la somme que reçoit le vendeur au moment de la signature du contrat de vente.

La valeur d'une maison vendue en viager se décompose de la manière suivante:

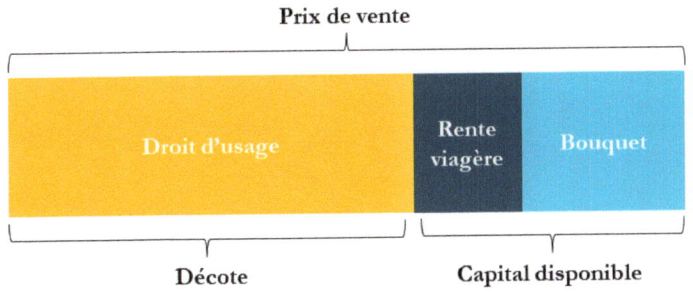

Le principe du calcul du prix d'un viager est le suivant:
- On commence avec le **prix de vente**: le montant sur lequel l'acheteur et le vendeur s'entendent à partir de la valeur vénale et des éventuels travaux à prévoir
- Le prix de vente est diminué de la **décote**, qui correspond à la valeur du **droit d'usage** dont le vendeur bénéficiera. Le montant restant est le **capital disponible pour la rente et le bouquet**
- Dans le cas d'un **viager sans rente**, le vendeur touchera la totalité du capital disponible au moment de la vente
- Dans le cas d'un **viager avec rente**, on calcule d'abord la valeur capitalisée de la rente – c'est-à-dire le montant que l'on obtiendrait si chaque versement de la rente pendant l'espérance de vie du vendeur était investi au taux d'intérêt admis
- On déduit ensuite ce montant du capital disponible pour obtenir le bouquet. La valeur capitalisée de la rente est ensuite distribuée au vendeur par mensualités

Le calcul déterminant est donc celui de la décote à appliquer au prix de vente, c'est-à-dire la valeur du droit d'usage. Pour calculer la décote, on utilise les éléments suivants:
- Un **coefficient de valorisation** qui varie en fonction de l'espérance de vie du propriétaire, et qui est obtenu par le biais d'une formule actuarielle prescrite.
- Le **taux d'intérêt** admis par les autorités fiscales. Toutefois, ce taux peut aussi prendre en compte les attentes d'un investisseur en fonction du contexte.

Ces informations sont mises à disposition par chaque canton et tiennent compte de tables actuarielles calculées à partir des données fournies par l'Office Fédéral de Statistiques (OFS). Pour en savoir plus, vous pouvez vous reporter aux documents listés dans le chapitre 8 de ce livre.

> **Les astuces pour réussir sa vente en viager:** Un propriétaire ne peut clairement pas influencer certains des critères déterminants dans le calcul du viager, tels que son âge ou l'état de la maison. En revanche, la valeur estimée de la maison est importante puisque c'est la base sur laquelle le prix de vente sera négocié – et donc à partir de laquelle le montant du bouquet sera calculé. Il est donc fortement conseillé de demander plusieurs estimations avant d'entamer les négociations avec un acheteur. Souvent de telles estimations peuvent être obtenues gratuitement, notamment auprès des courtiers qui intègrent ces estimations dans leur offre de service ou qui proposent des estimations gratuites comme produit d'appel.

B. Quelques exemples de calcul

Pour mieux comprendre comment se fait le calcul, appliquons la formule à un cas concret: Mélanie Zettauffrai veut vendre sa maison en viager. La valeur vénale de sa maison est de CHF 900'000.

Il est important de noter que les chiffres présentés dans ce livre le sont uniquement à titre indicatif. Les calculs sont applicables aux cas standards de viagers. Toutefois, chaque situation est différente et les résultats varient en fonction des besoins et spécificités de chaque vendeur individuel et des caractéristiques de leur bien.

i. Viager sans rente

Supposons d'abord que Mme Zettauffrai opte pour un viager occupé sans rente.

Mme Zettauffrai rencontre Jacques Célère, un acheteur potentiel. La maison de Mme Zettauffrai plaît beaucoup à M. Célère, qui est prêt à payer un bon prix pour l'acquérir. Toutefois, des travaux sont à prévoir. Pour finir, ils s'accordent sur un prix de vente de CHF 1 million.

Mme Zettauffrai à 78 ans. Selon les tabelles statistiques, son espérance de vie est de 14.25 ans. Le coefficient de valorisation correspondant est de 10.87.

En utilisant un taux d'intérêt de 3.5%, la détermination des montants du droit d'habitation et du bouquet se fait de la manière suivante:

Étape du calcul	Formule	Valeur
Prix de vente	Négocié	CHF 1'000'000
Valeur du droit d'habitation	Prix de vente x Taux d'intérêt admis x Coefficient de valorisation	CHF 380'450
Bouquet	Prix de vente – Valeur du droit d'habitation	CHF 619'550

Mme Zettauffrai recevrait donc CHF 619'500 au moment de la vente – et elle pourrait bien sûr continuer de vivre dans sa maison tout sa vie sans jamais avoir à payer de loyer.

ii. Viager avec rente

Supposons maintenant que Mme Zettauffrai préfère recevoir une rente viagère. En concertation avec un conseiller patrimonial, elle décide de recevoir un bouquet de CHF 300'000 (soit 30% du prix de vente).

Pour calculer le montant de la rente, on utilise un coefficient de conversion, qui lui aussi varie en fonction de l'espérance de vie du propriétaire, et qui obtenu par le biais d'une formule actuarielle prescrite. Dans le cas de Mme Zettauffrai, ce coefficient est de 5.66%.

Pour calculer le montant de la rente que Mme Zettauffrai recevra tous les mois, il faut ajouter quelques étapes au calcul précédent. Le tableau ci-dessous montre comment faire.

Étape du calcul	Formule	Valeur
Prix de vente	Négocié	CHF 1'000'000
Valeur du droit d'habitation	Prix de vente x Taux d'intérêt admis x Coefficient de valorisation	CHF 380'450
Bouquet	Prix de vente – Valeur du droit d'habitation	CHF 619'550
Bouquet	Montant décidé en fonction des besoins du vendeur, en accord avec l'acheteur	CHF 300'000
Valeur de la rente capitalisée	Capital disponible – Bouquet	CHF 319'500
Rente annuelle	Valeur de la rente x Coefficient de conversion	CHF 18'087
Rente mensuelle	Rente annuelle / 12	CHF 1'507

En optant pour un viager avec rente, Mme Zettauffrai toucherait donc CHF 300'000 au moment de la vente, et recevrait CHF 1'507 par mois jusqu'à la fin de sa vie.

Que choisira Mme Zettauffrai? Le graphique ci-dessous compare ses choix. Et si c'était vous? Quelle option vous paraît être la plus intéressante?

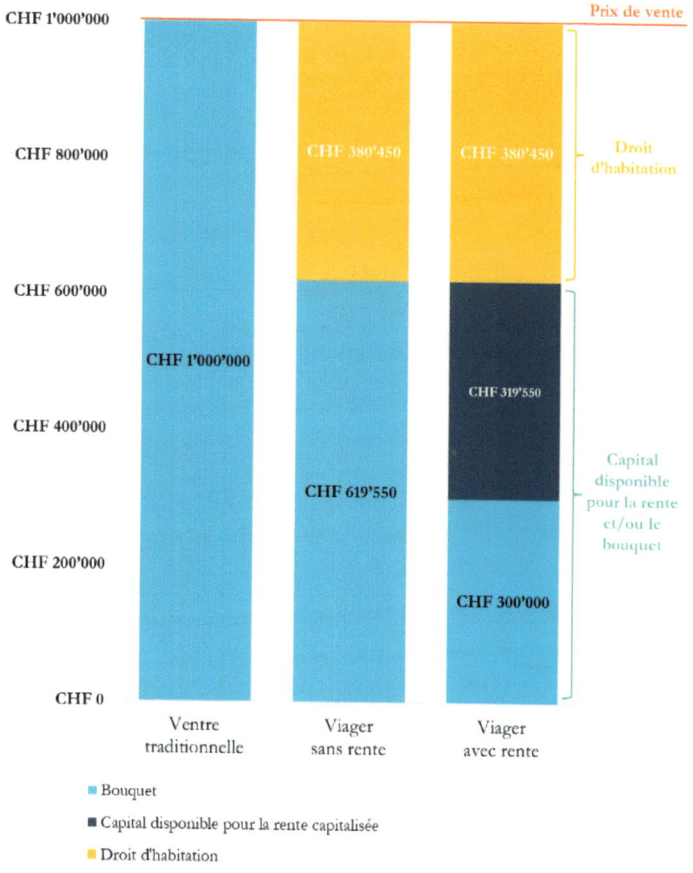

C. Le prix du viager en trois questions

Comme Mme Zettauffrai, vous vous posez peut-être certaines questions à propos du prix du viager. Voici quelques observations pour vous aider à y répondre.

i. Le viager, est-ce vraiment une bonne affaire?

Beaucoup de personnes se demandent si vendre en viager est vraiment une bonne affaire. SI elle choisit un viager avec rente, Mme Zettaufrai ne toucherait que 30% du prix de sa maison. Pour beaucoup cela parait bien trop peu.

Mais pour décider si le viager est une bonne affaire, il ne faut pas seulement regarder le montant du bouquet. Il faut aussi prendre en compte les éléments suivants:

- Le bouquet est considérablement plus élevé si on n'opte pas pour une rente. Dans le cas de Mme Zettaufrai, le bouquet dépasse le 60% du prix de vente de sa maison pour un viager sans rente.
- Le montant que touche Mme Zettaufrai, que ce soit avec ou sans rente, ne prend pas en compte la valeur du droit d'usage. Le droit d'usage est la contrepartie du droit, illimité dans le temps et légalement garanti, qu'a Mme Zettaufrai de rester chez-elle. En fait, on peut considérer qu'en acceptant cette décote, Mme Zettaufrai paie en avance un loyer garanti à vie.
- Il faut aussi prendre en compte ce qu'auraient coûté le déménagement, les loyers d'un logement locatif et d'un garde-meuble que Mme Zettaufrai aurait à payer si elle avait recours à une vente immobilière classique plutôt qu'une vente viagère.

En prenant ces éléments en compte le viager paraît effectivement être une bonne affaire! D'ailleurs, le viager est souvent une transaction mutuellement bénéfique pour le vendeur et pour l'acquéreur.

ii. L'âge du capitaine

Et si c'était vous? Combien pourriez-vous toucher si vous vendiez votre maison en viager aujourd'hui? Serait-il plus intéressant de la vendre dans deux ans?

La question est primordiale: l'espérance de vie est un élément central dans la détermination du prix d'un viager. Elle est différente pour les femmes et pour les hommes et varie en fonction de l'année de naissance.

Afin de mieux comprendre l'influence de ces éléments sur le prix d'une vente en viager, regardons comment évolue le montant du bouquet dans le cadre d'un viager sans rente selon l'âge d'une femme ou d'un homme au moment de la vente.

Pour une maison équivalente à celle de Mme Zettaufrai, avec un prix de vente à CHF 1 million:

Age	Femme		Homme	
	Espérance de vie actuarielle (années)	Bouquet estimé (CHF)	Espérance de vie actuarielle (années)	Bouquet estimé (CHF)
60	29.97	356'646	27.27	391'369
65	25.36	417'939	22.87	455'317
70	20.90	487'244	18.69	525'733
75	16.66	563'759	14.81	600'805
80	12.71	645'815	11.31	677'680
85	9.17	729'452	8.26	752'649
90	6.15	809'314	5.71	821'657
95	3.77	878'365	3.70	880'482

iii. Le taux d'intérêt

Si les taux d'intérêts ont longtemps stagné à un niveau très bas, ils peuvent naturellement fluctuer, que ce soit à la hausse (par exemple en cas d'inflation soutenue) ou à la baisse (par exemple dans le contexte d'un ralentissement de l'économie).

Généralement le calcul du montant du bouquet tient compte du taux admis par les autorités fiscales. Il convient donc de vérifier le site de l'administration fiscale de votre canton pour vérifier le taux actuellement retenu. Le taux d'intérêt peut aussi répondre aux attentes d'investisseurs, en fonction du contexte économique et du niveau de risque.

Le tableau ci-dessous illustre l'effet du taux d'intérêt sur le montant du bouquet, toujours en prenant l'exemple d'une maison équivalente à celle de Mme Zettaufrai, avec un prix de vente à CHF 1 million:

Taux d'intérêt	Bouquet estimé
3.5%	CHF 619'550
4.0%	CHF 565'200
4.5%	CHF 510'850
5.0%	CHF 456'500
5.5%	CHF 402'150
6.0%	CHF 347'800

7. LA FISCALITÉ DU VIAGER EN SUISSE

Si le viager touche à des questions essentielles telles que la famille, l'argent et la santé, il n'échappe évidemment pas non-plus aux impôts. La vente viagère a des implications fiscales complexes. Si vous vendez en viager, quelles seraient vos obligations fiscales?

> **Les astuces pour réussir sa vente en viager**: le viager étant encore peu courant en Suisse, le traitement fiscal de certains aspects des transaction viagères est mal défini. Par exemple, en pratique un droit d'habitation et un droit d'usufruit ont des effets très différents sur les revenus des vendeurs. Toutefois, les autorités fiscales assimilent l'un à l'autre pour le traitement fiscal – une situation qui peut être pénalisante pour les vendeurs. Des recours en justice sont en train d'être examinés. Le traitement fiscal du viager pourrait donc changer. En attendant, il se pourrait que les autorités fiscales soient disposées à trouver des arrangements avec les vendeurs au cas par cas. Certains fiscalistes ou des experts en viager pourraient vous accompagner dans ces démarches. N'hésitez pas à leur demander!

Pour un vendeur, le traitement fiscal d'une vente viagère peut se décomposer en deux temps: a) au moment de la vente, et b) après la vente, pendant que le contrat est en vigueur.

A. Traitement fiscal lors de la vente

Au moment de la vente, le vendeur peut être imposé aux niveaux cantonal et communal (il n'y a pas d'incidence sur l'impôt fédéral). Si des **bénéfices et gains immobiliers** (BGI) sont réalisés sur la vente, ceux-ci sont imposables.

- Le **BGI** correspond à la différence entre le montant total de la vente (ou plus exactement la valeur d'aliénation) et le prix auquel le bien immobilier a été acheté à l'origine
- La **valeur d'aliénation** correspond à la valeur totale de la vente – elle est égale au total des montants du bouquet, de la valeur capitalisée de la rente, et du droit d'usage
- Le **taux** auquel les bénéfices sur la vente sont imposables varie de façon dégressive en fonction du nombre d'années pendant lesquels le vendeur a possédé la maison:
  - Dans le canton de Vaud, le taux varie entre 30% (si le bien a été possédé pendant moins d'un an) et 7% (si le bien a été possédé pendant plus de 24 ans)
  - Dans le canton de Genève, le taux varie entre 50% et 0% (si le vendeur était propriétaire de sa maison pour plus de 25 ans, les gains sur la vente sont exempts de l'impôt)

B. Traitement fiscal pendant la durée du contrat

Le vendeur peut avoir à régler trois types d'impôts:

i. Impôt sur le revenu

- La rente viagère perçue est imposable à hauteur de 40% (60% du montant de la rente n'est pas imposable)
- En cas d'usufruit, la valeur locative du bien immobilier (ou les loyers si la maison est mise en location) est imposable. Le vendeur devra aussi assumer les frais d'entretien (hormis les gros travaux), les intérêts hypothécaires, les impôts et taxes, et les primes d'assurance. Ces frais pourront être déduits de son revenu imposable
- En cas de droit d'habitation, la valeur locative est imposable. Le vendeur n'assumera que les frais d'entretien (hormis les gros travaux), et pourra déduire de son revenu imposable les frais qu'il s'est engagé à supporter

ii. Impôt sur la fortune

Les autorités fiscales considèrent que la valeur fiscale de l'immeuble fait partie de la fortune imposable – qu'il s'agisse d'un droit d'habitation ou d'usufruit. Le montant de l'impôt sur la fortune est déterminé à partir de la valeur d'aliénation et du bouquet.

iii. Impôt immobilier complémentaire (IIC)

Le vendeur devra aussi s'acquitter de l'IIC, dont le montant dépend de la valeur fiscale du bien immobilier (mais pas de la capacité financière du vendeur).

A Genève l'IIC est de 1‰ de la valeur fiscale du bien. Ce montant ne tient compte ni de l'abattement fiscal de 4% par année d'occupation (voir encadré), ni d'éventuelles dettes grevant le bien. Dans le canton de Vaud, le taux est de 1.5‰

Bon à savoir: Dans les calculs pour déterminer les impôts sur la fortune et l'ICC, les propriétaires bénéficient d'un taux d'abattement annuel sur la valeur fiscale de l'immeuble. Or, une vente en viager entraine une réévaluation de la valeur fiscale du bien à hauteur du prix de vente, et un redémarrage du décompte de la durée d'occupation. En conséquence, les impôts sur la fortune et l'IIC dont le vendeur doit s'acquitter peuvent augmenter considérablement. Mais grâce aux liquidités supplémentaires dont dispose le vendeur grâce à la vente (et éventuellement une rente viagère), sa situation financière globale peut tout même s'améliorer avec une vente viagère. Pensez à vous faire conseiller par un spécialiste sur les aspects fiscaux avant de vendre en viager!

8. POUR EN SAVOIR PLUS SUR LE VIAGER

Vous savez maintenant tout sur le viager, et vous pouvez dorénavant avancer en tout confiance sur vos projets de vente! Si la vente viagère reste une pratique encore peu rependue en Suisse, il y a fort à parier que le recours à ce type de contrat augmentera de façon spectaculaire dans les années à venir. Après tout, le viager permet d'apporter une solution rapide, efficace et avantageuse à des problématiques que les retraités en Suisse rencontrent de plus en plus souvent. Grâce à ce livre, vous êtes maintenant bien équipés pour profiter de cette solution avant tout le monde!

Vous voulez en savoir plus? Approfondissez vos connaissances, et découvrez des offres innovantes pour vendre sa maison en viager en consultant les références ci-dessous.

Sur les principes du viager:

- Code des obligations: Loi fédérale complétant le Code civil suisse
- Fabrice Welsch (BCV), «Compliqué, le viager?», article paru dans *Générations* en mai 2018 ; «Vente en viager: Opération immobilière ardue», article paru dans *Générations Plus* en septembre 2009 ; «Le viager en Suisse», article paru dans *Générations* en novembre 2017
- Hausinfo.ch, «Usufruit ou droit d'habitation?»
- Les articles sur le blog de Tillit Invest présentent une

multitude d'informations sur le viager.

Sur le prix du viager:

- Le portail de l'OFS sur l'espérance de vie en Suisse
- Whilhelm Stauffer et Marc Schaetzle, *Tables et programmes de capitalization*
- Le canton de Vaud met à disposition un guide sur le calcul de la valeur capitalisée d'un usufruit
- Séverine Arnold-Gaille, Association Suisse des Actuaires, «Tables de mortalité par générations: pourquoi est-il également risqué d'utiliser des tables de mortalité par générations?»
- Pour estimer la valeur de votre maison, Tillit Invest met à votre disposition un calculateur simple, efficace et rapide: www.tillitinvest.ch/estimation

Sur la fiscalité du viager:

- Berney Associés, «Tax: La vente immobilière en viager»
- Barakat, Aurélien, Sarah Busca Bonvin et Sylvain Marchand, «La vente immobilière en viager: aspects de droit civil et principales conséquences fiscales, » *Not@alex: Revue de droit privé et fiscal du patrimoine*, 2020
- L'impôt des propriétaires immobilier à Genève
- L'impôt foncier dans le canton de Vaud

Sur la moralité du viager:

- L'intégralité des pensées de Platon, Confucius, Spinoza et Kant.

Conseils pratiques autour du viager:

TOUT SAVOIR SUR LE VIAGER EN SUISSE

Les site Hausinfo.ch est une ressource inestimable pour des conseils pratiques sur toutes les questions en lien avec l'immobilier en Suisse. Les articles suivants sont pertinents aux questions sur le viager:

Pour les questions autour des **aspects financiers**

- «Augmenter sa rente grâce à l'hypothèque inversée»

Pour les questions autour de la **succession:**

- «Voici comment planifier votre succession»
- « Succession: qu'en est-il des immeubles? Vendre, louer ou donner?»
- «Léguer un logement en propriété sans créer de discordes au sein de la famille»

Pour les questions autour de **l'hébergement en EMS** et l'aménagement de sa maison

- «Voici comment aménager votre appartement de senior»
- «Adapter un logement aux personnes âgées: coûts et mesures de transformation»
- «Propriété du logement à la retraite: conserver ou vendre?»
- «Habitat sans obstacles: voici comment aménager votre avenir»

Pour les questions autour de l'immobilier à l'heure des familles chamboulées

- «Comment protéger financièrement votre concubin»
- «Séparation ou divorce: qu'advient-il du logement en propriété?»
- «Tout ce que vous devriez savoir sur le contrat de succession»

Sur les nouveautés dans le monde du viager:

L'entreprise romande [Tillit Invest](#) est spécialisée dans l'achat de maisons en viager. Grâce à son modèle d'affaire innovant, Tillit Invest est en mesure d'agir rapidement pour acheter des biens immobiliers à des tarifs très avantageux pour les propriétaires.

9. A PROPOS DES AUTEURS

Jean-Baptiste de Bantel est l'un des co-fondateurs de Tillit Invest. Architecte ayant construit plus de 300 logements en Suisse et spécialisé dans les projets de développement immobilier en Romandie, Jean-Baptiste est le CEO d'un bureau d'architecture de 17 employés situé à Vevey.

Iavor Tzolov est l'un des co-fondateurs de Tillit Invest. Entrepreneur avec une expertise dans la création d'entreprises, les structures de financement et la levée de capitaux, Iavor a réalisé des transactions immobilières pour plus de CHF 45 M en Suisse romande.

Clément Wyplosz est responsable du marketing et du business développent chez Tillit Invest. Formé en sciences politiques, Clément était auparavant chez Ernst & Young à Londres, où il conseillait les institutions bancaires sur la gestion des risques politiques, financiers et réglementaires.

Tillit Invest: Expert reconnu du viager en Suisse, Tillit Invest est une jeune société romande. Elle achète des maisons individuelles, notamment sous forme de viager ou droit d'habitation, dans l'Arc lémanique. Tillit Invest n'est pas un intermédiaire entre acheteurs et vendeurs. Tillit Invest est l'acheteur final et traite directement avec les propriétaires ou un représentant qu'ils choisissent. Tillit Invest est soutenue par des investisseurs suisses solides et recommandables, ce qui lui donne l'aisance financière pour réaliser les projets dans les meilleures conditions. Tillit Invest à la compétence pour accompagner les vendeurs tout au long du processus de vente et sur toute les questions financières, légales, fiscales ou administratives. Elle permet ainsi aux propriétaires de vendre leur bien et de continuer à y habiter en toute sérénité.

www.ingramcontent.com/pod-product-compliance
Lightning Source LLC
Chambersburg PA
CBHW061616230526
45473CB00031BA/2600